지은이 문채빈

일과 삶에 지쳐 청소할 힘도 남아 있지 않을 때, 누군가 내 공간 청소를 도와주면 좋겠다는 생각으로 '청소 특공대 다람단' 캐릭터를 떠올렸습니다. 일상이 힘들 때는 집도 작업실도 엉망진창이었지만, 정리와 청소를 하고 나서야 비로소 엉망이 된 일상이 제자리를 찾는다는 것을 알게 되었지요. 우리 어린이 친구들에게도 청소와 정리 정돈이 얼마나 큰 힘을 주는지 전하고 싶어 이 책을 쓰고 그렸습니다.

우리도 할 수 있어!

글·그림 문채빈

청소 특공대 다람단 소개

> 잘 정리된 물건은 보기만 해도 기분이 좋아.

정리왕 다람

청소 특공대 다람단 단장.
청소 계획을 세우고 차곡차곡 정리하는 데 소질이 있다. 무슨 일이든 열심히 하면 된다고 생각하는 긍정적인 다람쥐.

> 반짝거리는 것은 마음까지 반짝이게 해.

정돈왕 콩이

청소 특공대 다람단 단원.
눈에 보이는 것은 무엇이든 다 유리처럼 반짝반짝 눈부시게 만드는 재능이 있다. 주변 친구들을 누구보다 잘 이해하는 마음 따뜻한 다람쥐.

청소와 정리 정돈은
같이 해야
제대로지!

청소왕 **밤이**

청소 특공대 다람단 단원.
엄청난 힘으로 어떤 쓰레기든 쓱쓱 싹싹
쓸어버리는 데 소질이 있다. 한번 결심한
일은 무조건 행동으로 옮기는 다람쥐.

청소특공대
다람단

지난 이야기

청소가 필요한 곳이라면 어디든 달려가는 청소 특공대 다람단! 다람단은 낙서와 거미줄로 엉망이 된 초록 마을과 꼭지 할아버지의 다있소 문방구, 슈퍼스타 비비안의 대저택을 말끔히 청소해 주었어. 하지만 다람단은 몰랐어. 낙서와 거미줄로 초록 마을을 더럽힌 거미 형제가 복수를 꿈꾸고 있었다는걸! 거미 형제는 모든 흔적을 몽땅 청소해 버리는 다람단을 자기들이 사는 낡은 성으로 유인해 귀신 소동을 벌였지만, 그 바람에 낡은 성이 깨끗이 청소되고 말았지. 과연 거미 형제의 다음 복수는 성공할 수 있을까?

차례

프롤로그
올망졸망! 다람단 관찰 일기 8

첫 번째 의뢰
파트와 라슈의 '함께 청소하는 우리 집' 14

두 번째 의뢰
별이의 '내겐 너무 무거운 책가방' 58

에필로그
우리도 청소 특공대! 100

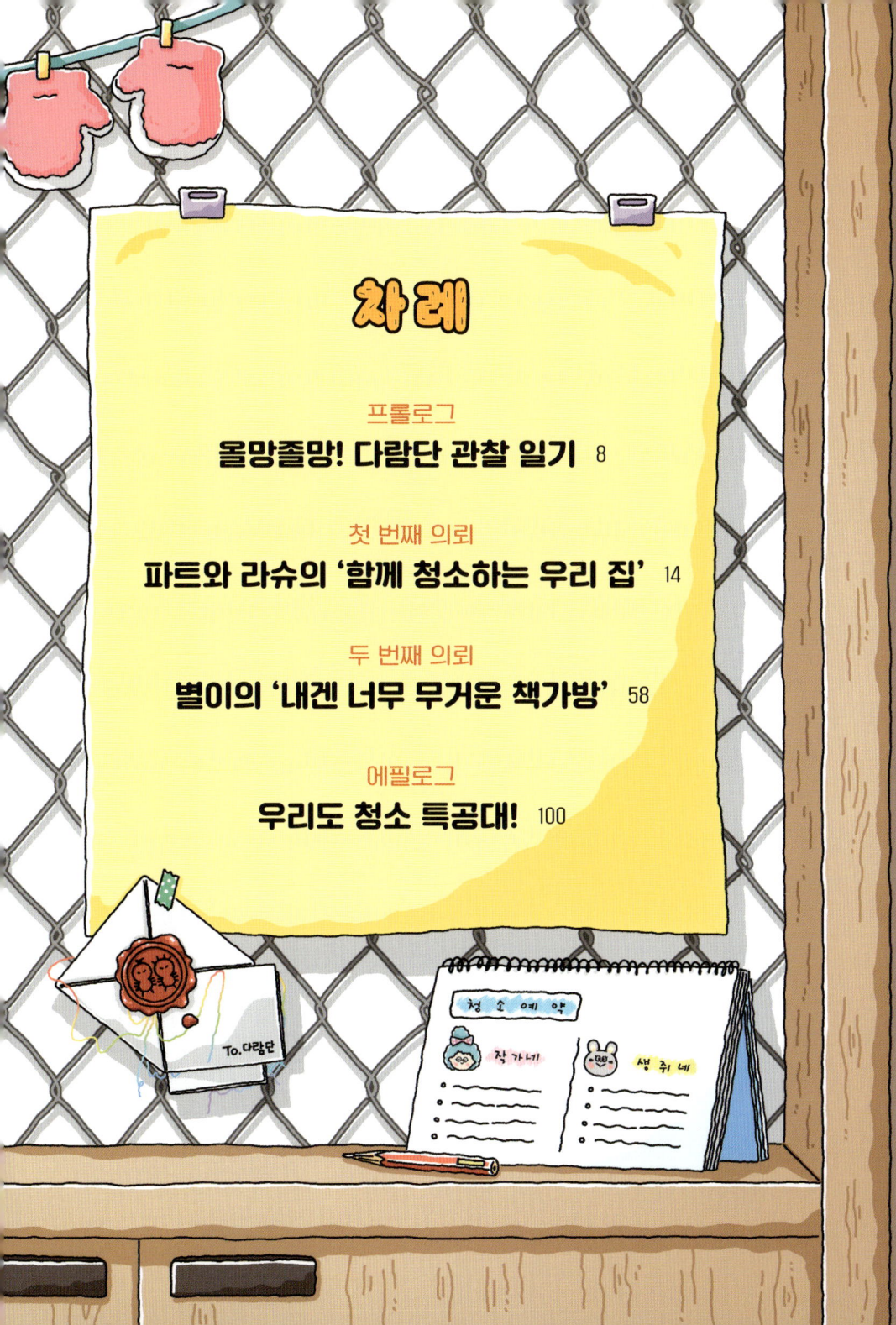

프롤로그 올망졸망! 다람단 관찰 일기

 '지피지기'면 '백전백승'이라는 말, 들어 봤어? 이 말은 상대를 알고 나를 알면 승리할 수 있다는 뜻이야.
 그래서 올망이와 졸망이는 다람단을 졸졸 쫓아다니며 감시하고, 관찰하면서 약점을 찾기로 했지. 다람단을 골탕 먹이기 위해서 말이야.
 이른 아침, 둘은 다람의 집으로 향했어.

다람단 관찰 일기

콩이의 하루

🕛 점심 12시

아뿔싸! 선글라스를 쓰는 것을 잊었다. 콩이가 창문을 뽀득거리며 닦는 바람에 무슨 일이 있었는지 모르겠다. 우리 눈을 멀게 하려는 계략이었을까?

으악 내 눈!

너무 눈부셔서 아무것도 안 보여!

해가 높이 뜬 점심에는 콩이를 관찰했지만, 내내 눈을 감고 있느라 도무지 약점을 잡을 수 없었지.

깨끗하니까 참 좋아!

파트와 라슈의
'함께 청소하는 우리 집'

콩이가 붉으락푸르락한 얼굴로 크게 소리쳤어. 초록 마을 1번길이 콩이의 고함으로 쩌렁쩌렁 울렸지.

"콩이야, 진정해. 우리가 청소하면 되잖아."

"그래. 이보다 더 어려운 청소도 했었는걸. 이 정도는 아무것도 아니잖아. 내 말이 맞지?"

"아니! 더는 못 참아. 이 1번길은 아무리 쓸고 닦아도 반짝이지 않는다고!"

콩이는 화가 나 발을 콩콩 굴렀어.

"청소하면 뭐 해? 한 바퀴 돌고 오면 낙서와 거미줄로 다시 더럽혀져 있는데! 아니, 어지르는 동물 따로 있고 치우는 다람쥐 따로 있냐고!"

콩이 마음은 좀처럼 진정되지 않았어. 한참 화를 내던 콩이가 주머니에서 작은 종이를 꺼내 보였어.

늘 초록 마을 1번길을 엉망으로 만드는 범인을 잡으려고 콩이가 적어 둔 메모였어. 여러 번 꼬깃꼬깃 접은 종이엔 콩이의 불타는 의지가 담겨 있었지. 다람과 밤이는 콩이의 분노를 느낄 수 있었어.

"자, 1분. 끝! 다 외웠지? 범인들의 특징이 뭐라고?"

성격 급한 콩이가 다람과 밤이를 재촉했어.

'무지개 색 거미줄!' 하고 외치는 콩이 목소리가 심상치가 않았어. 범인을 꼭 잡아 따끔하게 혼내려고 벼르는 게 틀림없었어.

"와, 콩이야. 너 진짜 탐정 같다."

"그럼 우린 이제 범인만 찾으면 되겠네?"

"그렇지. 오늘은 기필코 내 손으로 잡겠어!"

바로 그 순간! 무언가가 순식간에 쌩하고 지나갔어.

 멀리 꼬마 햄스터들이 무지개 색으로 된 무언가를 길게 휘날리며 빠르게 달려가고 있었어. 작디작은 녀석들이 얼마나 빠른지 깜빡 못 보고 지나칠 뻔했지 뭐야.

콩이가 눈에 불을 켜고 꼬마 햄스터들을 뒤쫓았어.

다람과 밤이도 덩달아 뛰기 시작했지.

 "잡아! 놓치면 너희랑 다신 같이 청소 안 할 거야!"

꼬마 햄스터들은 다람단이 쫓아오는 것을 금세 눈치챘어.

"우아! 지금 술래잡기하는 건가?"

"좋아! 나 잡아 봐라!"

"그게 아니야! 잠깐 기다려!"

"아휴, 숨차! 발 한번 엄청 빠르네!"

두 햄스터는 장난을 치면서도 어찌나 재빠른지 마을을 열 바퀴나 돌아도 지친 기색 하나 없었어.

다람도, 콩이도 점점 지쳐 갔어. 체력 좋은 밤이만 겨우 두 햄스터를 쫓아갈 수 있었지.

거기 서라니까!

밤이는 턱 끝까지 차오른 숨을 거칠게 내쉬었어.

"너, 너희가 무지개 색 거미줄을 친 범인이구나?"

초록 마을 개구쟁이 꼬마 햄스터, 파트와 라슈는 아니라며 고개를 가로저었어.

"너희 때문에 우리가 청소하느라 얼마나 고생한 줄 아니?"

콩이가 무지개 색으로 된 무언가를 잡아당겼어.
"앗, 내 연!"
그러자 파트와 라슈의 머리 위에서 춤추던 연이 툭 소리와 함께 날아가 버렸어.

"뭐? 연이라고? 그럼 이 무지개 색의 정체는……."
그랬어. 알록달록 연줄을 무지개 색 거미줄로 오해한 거야.

밤이가 고개를 갸웃거리며 물었어.

 "그럼 누가 무지개 색 거미줄을 친 거지?"

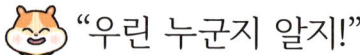 "우린 누군지 알지!"

"그게 정말이야?"

다람이 눈을 댕그랗게 떴어.

우린 전에 봤지롱~!

그럼. 아마 지금쯤이면 우리 집에 다녀갔을걸?

우리 집에 가 볼래? 가는 김에 우리 부탁도 들어주면 더 좋고.

파트와 라슈는 뭐가 그리 재미있는지 키득키득 웃어 댔어. 고민하던 다람단은 파트와 라슈의 말을 믿어 보기로 했지.

다람이 집 안으로 성큼 발을 내딛었어.

 "그럼 실례 좀 하겠습니다!"

콩이와 밤이도 파트와 라슈 손에 이끌려 집 안으로

따라 들어갔지. 그런데……

다람단은 문 잠기는 소리에 깜짝 놀라 뒤돌아봤어.

파트와 라슈가 바짝 다가왔어. 눈을 되록되록 굴리며 말이야.

 다람단의 입이 헤벌쭉 벌어졌어. 파트와 라슈는 같이 놀아 주기 전까진 범인에 대해 알려 줄 생각이 없어 보였지. 어쩌면 처음부터 놀 생각밖에 없었는지도 몰라.
 아무튼 이렇게 막무가내인 꼬마들을 뿌리치기도 쉽지 않을 것 같았어.

집 안이 순식간에 엉망이 되고 말았어. 지켜보던 다람단은 가만히 있을 수가 없었어.

얘들아, 그만!
범인에 대한 단서가 남아
있을지도 모른다고!

게다가 나중에 너희끼리
이걸 다 어떻게 치우려고 그래?

그러자 파트와 라슈가 의아한 표정을 지었지.

우리가 안 치워도 돼.
아빠가 다 치워 주는걸.

맞아. 우리 아빠가
어린이는 잘 놀기만 하면
된다고 했어.

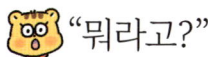"뭐라고?"

그때 딸깍! 하고 문 열리는 소리가 났어.

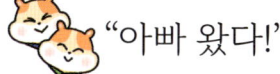"아빠 왔다!"

현관문이 열리자 파트와 라슈를 꼭 닮은 아빠 햄스터, 프란 아저씨가 들어왔어.

"아이코, 우리 애들이 웬일로 집 밖에서 안 놀고 있나 했는데, 손님이 와 계셨네. 반가워요."

헉!

슈우욱

"보아하니 저희 애들 때문에 고생하신 것 같은데, 제가 저녁밥이라도 대접하게 해 주세요."

말을 마친 프란 아저씨는 손등으로 얼굴을 슥 한번 닦고 서둘러 식사를 준비했어. 파트와 라슈보다 더 날쌘 동작으로 식탁 위를 접시와 요리들로 채웠지.

처음 보는 화려한 저녁 밥상이 순식간에 마련되었어. 급히 만들었다는 게 믿어지지 않을 정도로 군침 도는 요리가 가득했지. 콩이와 밤이의 입안에 침이 고였어. 다람은 입에서 침이 뚝뚝 떨어지는 것도 몰랐고.

오늘은 우리 둘만 먹지 않아도 되네.

꿀꺽!

꿀꺽……!

내 요리만큼 맛있어 보여!

맛도, 모양도 좋은 요리야!

그런데 프란 아저씨가 식빵 하나를 입에 물더니 다람단이 숟가락을 들기도 전에 자리에서 일어났어. 다람단은 눈이 휘둥그레졌어.

"아, 먼저 드세요. 저는 집 안을 정리해야 돼서 먼저 일어날게요."

프란 아저씨는 장난감을 치우기 시작했어. 눈앞의 화려한 음식은 파트, 라슈와 다람단만의 몫이 되었지.

 "너흰 늘 이렇게 둘이서만 저녁을 먹었니?"

"응. 아빠는 청소를 다 하고 나서야 밥 생각이 난다고 했어."

"청소가 끝나면 밤 열 시가 넘거든. 그땐 우리가 잘 시간이라 아빠는 늘 혼자 저녁을 먹어."

다람단은 프란 아저씨가 모든 청소를 혼자 도맡느라, 이렇게 맛있어 보이는 저녁 식사를 아이들과 함께 즐기지 못하는 게 너무 안타까웠어. 하지만 무작정 청소를 도울 순 없는 일이었지. 다람단은 청소를 도와 달라는 말을 들어야만 출동할 수 있거든.

요리를 사랑하는 콩이는 견딜 수가 없었어. 그래서 슬그머니 다가가 파트와 라슈에게 소곤거렸어.

 "내가 프란 아저씨랑 같이 저녁밥 먹을 수 있는 방법, 알려 줄까?"

 "우아, 정말이야? 뭔데?"

너희가 이 종이를 채워 주면 돼. 그럼 우리가 프란 아저씨를 도울 수 있어.

그렇게 쉬운 방법이!

"만약 프란 아저씨랑 같이 저녁을 먹을 수 있게 되면, 너희가 우리한테 무지개 색 거미줄을 친 범인을 알려 주는 거야! 어때?"

파트와 라슈가 고개를 끄덕였어. 콩이는 한참을 더 소곤거리고는 파트와 라슈에게 눈을 찡긋했지. 꼬마 햄스터들은 콩이가 건넨 종이에 무언가를 빠르게 적어 내려갔어. 그리고 다 채운 종이를 다람단의 눈앞에 내밀었어.

다람단! 청소를 도와줘!

청소 의뢰서

- **의뢰인:** 파트, 라슈
- **청소할 곳:** 우리 집 전체
- **청소를 의뢰한 이유:**

회사에서 일하고 집에 와서도 일만 하는 우리 아빠!
아빠랑 같이 밥도 먹고 함께 놀고 싶은데,
우리가 아빠 일을 덜어 줄 수 있을까?

의뢰 파트, 라슈   접수 청소특공대 다람단

아니, 이렇게 기특할 수가! 파트와 라슈가 콩이의 말을 기똥차게 알아들은 것 같지?

콩이는 아무것도 모르는 척 감동의 눈물을 찔끔 흘렸어. 다람과 밤이는 청소를 도와 달란 말에 금세 얼굴이 환해졌고 말이야.

'청소를 도와줘!'라는 말과 의뢰인의 사연을 자세히 적은 청소 의뢰서까지 준비 끝!

드디어 다람과 콩이, 밤이가 나설 차례가 온 거야.

콩이가 청소 의뢰서를 흔들며 달려갔어.

"프란 아저씨, 같이 청소해요! 도와 달라는 말을 들은 이상, 저희는 꼭 청소를 해야 하거든요!"

다람은 대답 대신 파트와 라슈의 청소 의뢰서를 보여 주었어. 청소 의뢰서를 읽는 프란 아저씨의 눈가가 촉촉이 젖어 들었어. 한참 동안이나 눈을 떼지 못했지.

프란 아저씨는 무거웠던 어깨가 한결 가벼워지는 것 같았어. 아무리 어른이라도 이 넓은 집의 청소를 혼자 도맡아 하는 건 힘든 일이었거든. 그런데 프란 아저씨가 갑자기 눈을 빛냈어.

"아니 그럼, 혹시 여러분이……?"

"맞아요! 저희가 바로 이 년 묵은 '다있소 문방구'도 청소하고, 초록 마을 슈퍼스타 비비안 님 대저택도 청소한 '청소 특공대 다람단'이에요!"

'청소 특공대'란 말에 프란 아저씨가 활짝 웃었어. 다람은 어깨가 절로 으쓱했고 말이야.

"그런데요, 어린이들이 청소나 집안일을 해도 되는 건가요? 그런 일은 어른들의 몫 같아서요."

"음, 어린이가 해도 좋은 청소와 집안일이 생각보다 꽤 많거든요. 걱정 마시고 저희만 믿으세요!"

프란 아저씨가 웃으며 고개를 끄덕였어.

다람단이 마련한 청소 비법은 '아·나·바·다' 대작전! 혼자서 모든 청소와 집안일을 다 하려는 프란 아저씨와 청소가 처음인 파트, 라슈를 위한 특별한 작전이야.

1단계: 내가 사용한 물건은 내가!

파트와 라슈가 청소 도구를 기웃거렸어. 청소 의뢰서를 쓰기는 했지만, 막상 직접 청소와 집안일을 하려니 조금 걱정됐거든. 꼬마 햄스터들의 마음을 읽은 밤이가 앞장서며 말했어.

"걱정 마! 내가 쓴 물건을 제자리에 두는 것만으로도 집 안이 깔끔해지니까."

책은 책장에, 장난감은 장난감 통에 넣으면 돼. 어디 두어야 할지 잘 모르겠으면 스스로 정해 봐.

2단계: 내 공간은 내가!

이번엔 파트와 라슈가 자기 책상을 직접 정리하기로 했어. 다른 사람이 대신 정리해 주다 보면, 정작 물건이 필요할 때 어디 있는지 몰라 헤매기 쉬우니까.

"먼저 책상에 무엇을 둘지 결정해 보자. 교과서나 노트는 어디에 놓을지, 필기구나 수첩은 어디에 둘지 말이야."

파트와 라슈가 책상 정리를 시작했어. 책상이 깨끗해질수록 자기 물건에 대한 애정도 생겨나는 것 같았지.

책상이 깨끗해지니 언제든 쓸 수 있어서 좋아.

아빠, 오늘부터 제 책상은 제가 치우고 정리할래요.

내 힘으로 내 방을 정리하다 보면, 자기 공간을 가꾸는 즐거움도 생겨날 거야.

3단계: 내가 맡은 집안일은 내가!

가족이 한집에서 생활하면 해야 할 집안일이 많아. 그럴 땐 '역할 분담표'를 만들어서 어른이 해야 하는 일과 어린이가 할 수 있는 일을 나누면 도움이 돼.

"프란 아저씨, 집안일은 가족 모두가 함께해 보세요. 처음엔 서툴더라도 아이들을 기다려 주는 거예요. 꾸준히, 조금씩 해 나가다 보면 파트와 라슈도 잘할 수 있을 거예요. 책임감도 생길 거고요."

오늘부터 당장 시작해야지!

집에서도 내가 할 일이 생겼어!

프란 아저씨와 파트, 라슈네 역할 분담표

프란	파트	라슈
욕실, 화장실 청소	양말 개기	수건 개기
설거지	탁자 닦기	의자 넣기
세탁기 돌리기	내 물건, 내 방 정리하기	내 물건, 내 방 정리하기
빨래 널기	신발 정리하기	화분에 물 주기
창문 닦기	식탁에 숟가락, 젓가락 놓기	우산
청소기 돌리기		

가족 회의를 열어 할 일을 나누어 보세요.

4단계: 가득 찬 쓰레기는 모두가!

아·나·바·다 대작전의 마지막 단계는 바로 '분리수거'야. 쓰레기는 여러 종류를 한꺼번에 버리면 안 돼. 분리해서 버려야 재활용도 할 수 있거든.

모두가 쉽게 할 수 있는 분리수거 방법이야.

종이류

 **책과 노트** 스프링이나 클립이 박힌 것들은 어른의 도움을 받아 모두 떼어 낸 후 종이만 분리해서 버리면 돼.

 **종이 상자** 테이프나 비닐, 주소가 적힌 택배 송장 스티커 등을 다 떼어 낸 후 납작하게 펴서 분리해 버리면 돼.

 **종이컵과 우유팩** 내용물을 깨끗이 비우고 헹군 후 분리해서 버리면 돼.

플라스틱

 **페트병** 병 바깥에 붙어 있는 비닐 라벨을 떼어 낸 후 뚜껑을 닫아 분리해서 버리면 돼.

 **용기** 세제처럼 눌러 사용하는 펌프식 용기는 뚜껑에 달린 펌프 부분을 각각 분리해서 버리면 돼.

 볼펜, 장난감 자동차처럼 플라스틱과 고무나 잉크 등 여러 재료가 섞여 있는 물건은 재활용이 어려울 수 있으니 일반 쓰레기 봉투에 버리면 돼.

기타

 건전지나 배터리, 옷이나 신발 같은 의류는 동네 곳곳에 마련된 전용 수거함에 넣으면 돼.

 이 마크가 붙은 빈 병을 슈퍼마켓이나 편의점에 들고 가면 돈으로 바꿔 줘. 이 돈을 '빈 용기 보증금'이라고 해.

우아!

용돈 벌 수 있겠다!

 프란 아저씨는 어리다고만 생각했던 파트와 라슈가 맡은 집안일을 최선을 다해 해내는 모습에 무척 감동한 얼굴이었어. 프란 아저씨의 눈가에 또 눈물이 퐁퐁 솟았어.

 "아빠! 이제 우리 장난감은 우리가 정리할게요!"
 "그러니까 저녁도 같이 먹고, 같이 놀아요!"
 프란 아저씨가 파트와 라슈를 꼭 안아 주었어.

"그런데 얘들아, 너희 뭐 잊은 것 없니?"

아참! 이제는 파트와 라슈가 약속을 지킬 차례야.

"맞습니다. 녀석들이 남기고 간 흔적들 때문에 일요일만 되면 골치가 아파요."

"대체 녀석들은 왜 자꾸 마을을 더럽히는 거지?"

치워도, 지워도 자꾸 계속되는 녀석들의 말썽에 콩이의 마음이 타들어 갔어. 다람단은 피곤한 몸을 이끌고 청소 사무소로 돌아갔지. 돌아오는 일요일엔 범인을 잡겠다고 다짐하면서!

그 후, 파트와 라슈네 집은 어떻게 변했을까?

현관문을 열면 흐트러진 물건들과 지저분한 쓰레기 대신 깔끔하고 정돈된 거실이 프란 아저씨를 맞아 줘. 그리고 파트와 라슈는 깨끗한 집에서 아빠와 같이 저녁을 먹고, 거실에서 다 같이 놀다 함께 청소도 해.

혼자가 아닌 함께하는 청소가, 가족 모두 바라던 꿈 같은 시간을 선물해 준 거야.

별이의 '내겐 너무 무거운 책가방'

여기는 초록 마을의 유일한 학교, '어울 학교'야. 아침부터 학교가 시끌시끌해. 어울 학교에선 함께 어울릴 때 더 즐거운 일들을 배워. 먹어도 되는 버섯 고르기, 계절마다 다른 나뭇잎으로 풀피리 불기 같은 일들을 말이야.

다람단도 얼마 전부터 어울 학교에 다니고 있어. 다람단은 오늘도 아침 일찍 학교에 왔지. 무엇이든 열심히 배워야 청소도 더 잘할 수 있다나?

나 오늘 움직이는 바위를 봤어!

정말?

귀신인가?

오는 길에 따 왔어!

다람은 전날 미리 챙겨 둔 미술 도구를 책상에 가지런히 올려놓고 수업을 준비했어.

콩이는 학교에 오자마자 책상부터 눈부시게 닦았어. 광이 번쩍번쩍 날 때까지 말이야.

밤이는 큼직한 쓰레기를 버리고 바닥을 꼼꼼히 닦았어. 그래야 수업에 집중할 수 있거든.

곧 수업 시작 종이 울렸어.

다람과 콩이, 밤이네 담임 선생님은 '방긋 선생님'이야. 방긋 선생님은 언제나 웃음을 잃지 않지. 여태껏 방긋 선생님이 화를 내는 모습을 아무도 본 적이 없대. 그래서 다들 '방긋 선생님'이라 부르게 되었다나 봐.

방긋 선생님이 방긋 웃으며 수업을 시작했어.

"멋진 초록 마을 주민이 되려면 예술도 사랑할 줄 알아야 해요."

방긋 선생님이 설명을 이으려는데 아얏! 하는 소리가 났어. 콩이였지. 콩이 새끼손가락에 붉은 피가 조금 보였어. 날카로운 종이에 살짝 베이고만 거야.

"이런! 선생님이 약 가져올게요. 그때까지 다들 그림을 그리고 있도록 해요."

방긋 선생님이 방긋 미소로 콩이와 친구들을 안심시키고는 교실 밖으로 나가 보건실로 향했어.

그때, 쿵쿵 소리가 가까워지면서 교실 문이 벌컥 열렸어.

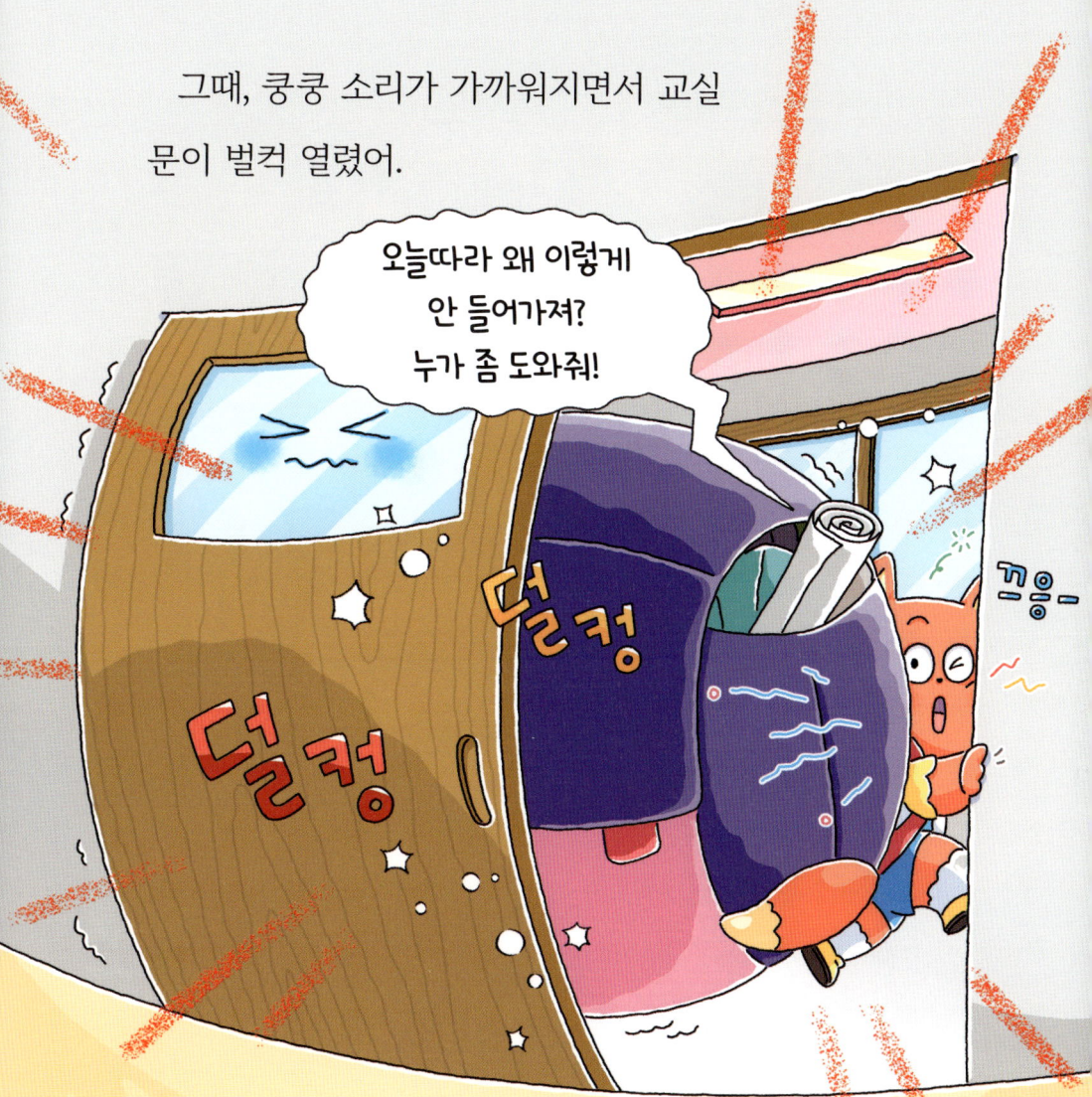

그리고 열린 문 사이로 집채만 한 가방이 모습을 드러냈지!

밤이가 힘껏 당기자, 붉은 여우 별이와 거대한 책가방이 순식간에 굴러 들어왔어.

"휴, 고마워! 하마터면 못 들어올 뻔했네."

별이가 이마에 맺힌 땀을 닦았어. 밤이는 별이의 커다란 책가방을 걱정스럽게 보았지만 별이는 아무렇지 않은 것 같았어.

"아, 이럴 때가 아니지! 누가 다쳤다고 들었는데?"

"큰일이야, 큰일! 지금 당장 치료하지 않으면 상처가 심해져서 더 큰 병에 걸릴지도 몰라! 으앙, 안 돼! 내 소중한 친구를 잃을 순 없어! 그럼! 안 되고말고!"

별이가 고개를 저었어. 콩이의 얼굴은 새파래졌고!

별이가 무시무시한 말들을 잔뜩 늘어놓더니 책가방에 머리를 쏙 집어넣었어. 그리고 한참을 나오지 않는 거야.

기다리던 콩이가 지칠 때쯤, 쉴 새 없이 살랑거리던 별이 꼬리가 우뚝 멈췄어. 그러더니 붕대와 거즈, 소독약, 알코올 솜, 연고와 반창고가 책가방에서 튀어나왔어.

드디어   다 찾았다!

"이제 걱정 마! 나한테 맡겨!"

별이가 자신만만하게 외쳤어. 그러고는 콩이의 새끼 손가락에 이것저것 바르고 붙였지.

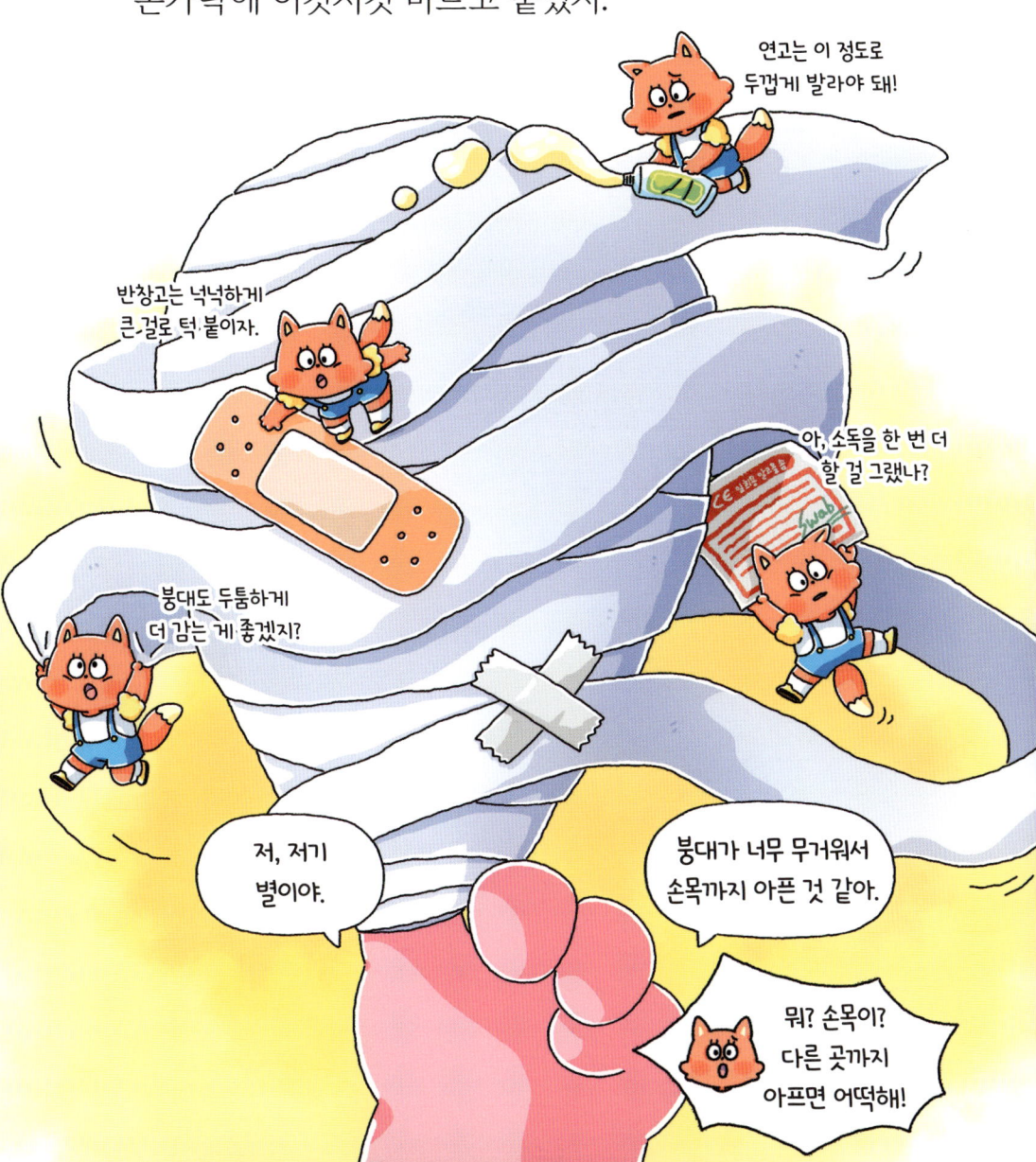

새끼손가락에만 감겨 있던 붕대가 자꾸만 커졌어.

그사이 방긋 선생님이 교실로 돌아왔어. 하지만 아무도 눈치채지 못했지. 모두가 붕대 감는 별이만 넋 놓고 보고 있었으니까.

방긋 선생님은 당황했지만 그래도 방긋! 웃었지.

　방긋 선생님은 콩이를 꽁꽁 싸맨 붕대를 풀어 주었어. 그리고 새끼손가락엔 작은 반창고만 붙여 주었지.
　그림 그리기 수업이 다시 시작되었어. 별이도 낑낑대며 책가방을 끌고 와 자리에 앉았어. 하지만 별이가 뭔가를 그리려면 시간이 더 필요할 것 같았어.

별이는 가지고 온 미술 도구를 몽땅 다 꺼내고 나서야 그림을 그리기 시작했어. 다른 친구들은 이미 그림을 거의 다 그려 가고 있었는데 말이야. 별이는 초조했어. 아무래도 시간이 더 필요할 것 같았거든. 별이는 서둘러 연필을 움직였지만, 마음이 급해서 무얼 그려야 할지 떠오르지 않았어.

수업이 끝나는 종이 울릴 때쯤, 별이 책상엔 빈 도화지만 덩그러니 남아 있었어.

콩이는 필요 없는 물건까지 뒤죽박죽 들어 있는 별이 책가방을 물끄러미 보았어.

 "별이…… 괜찮을까?"

별이는 괜찮지 않은 것 같았어. 체력 기르기 수업 때에도 운동장에 늦게 나오고 말았거든. 다칠까 봐 양말을 덧신고, 땀 흘리는 게 걱정돼서 수건도 챙기고, 붉은 머리털이 흘러내리지 않게 하는 헤어밴드도 써야 했으니까.

상냥한 목소리 수업 때도 마찬가지였어.
목이 마를까 봐 물통에 물을 가득 채우고,

 입에서 냄새가 날까 봐 이도 닦다 보니 수업
에 또 늦고 말았거든.

오전 수업이 끝나고 점심시간이 되었어.

 "너무 열심히 준비했나? 속이 좀 안 좋아."

별이는 점심밥을 거르기로 했
어. 잘못 먹으면 하루 종일 고생
할 것 같았거든.

오후 수업 시간, 배도 꼬르륵거리는데 잠까지 쏟아질
게 뭐람! 별이는 자기도 모르는 사이 꾸벅꾸벅 졸았어.

얼마나 졸았을까? 별이가 잠에서 깼어. 칠판 앞에서
방긋 선생님이 별이를 보고 있었지. 웃는 건지, 우는 건
지, 화난 건지 알 수 없는 표정이었어.

별이의 생각이 꼬리에 꼬리를 물었어. 돌이켜 보니 걱정이 커질수록 책가방 크기도 점점 커진 것 같았어.

'더 잘하고 싶었는데. 더 잘 준비하려고 노력한 건데.'

참 이상도 하지. 그럴수록 점점 더 꼬이는 것 같았으니까.

별이가 창밖을 내다보았어. 별이의 마음을 아는 듯 하늘이 어둑해지더니 주룩주룩 비가 내렸어. 유난히 고단했던 오늘 수업도 끝나 가고 있었어.

"앗! 소나기다!"

다람은 큰 종이배를 접어 머리에 썼어. 콩이는 청소용 앞치마를, 밤이는 스케치북을 넓게 펼쳐 들었지. 다들 나름의 방법으로 소나기와 맞섰어.

이 정도면 집까지 갈 수 있겠지?

친구들이 빗속으로 뛰어들었어. 별이는 여전히 책가방만 뒤적였지. 처음엔 긴 우산을, 그다음엔 양말이 젖지 않게 해 주는 장화도 꺼내 신었어.

"역시 다 가지고 다니길 잘했다."

별이가 고개를 들었을 때 친구들은 저 멀리 달려가고 있었어. 별이도 발을 내딛었지만, 책가방이 무거워 달릴 순 없었어. 우산도 없고 장화도 없지만, 빗속을 달리는 친구들은 비를 맞으면서도 왠지 모르게 신나 보였어.

"난 우산도 있고, 장화도 있는걸."

별이는 한 걸음씩 내딛을 때마다 책가방이 점점 무거워지는 것 같았어. 늘 든든하다고 생각했던 책가방이 오늘처럼 무겁게 느껴진 적은 없었지.

커다란 가방에 커다란 우산, 묵직한 장화와 함께 별이가 터덜터덜 집으로 향했어.

그런데, 갑자기 별이 어깨가 한결 가벼워졌어.

"별이야, 걸을 땐 앞을 봐야지."

 "앗, 선생님!"

방긋 선생님이 책가방을 번쩍 들어 주었어. 별이 책가방이 생각보다 무거워 방긋 선생님은 깜짝 놀랐지.

 "별이야, 왜 이 물건들을 다 가지고 다녀? 혹시 일주일 치 준비물을 다 가지고 다니는 거니?"

"아니요. 오늘 꼭 필요한 것들만 챙겼어요."

"뭐? 오늘은 미술 도구만 있으면 되었는걸."

별이는 터벅터벅 발걸음을 돌렸어. 별이의 책가방 무게만큼 방긋 선생님의 마음도 무거워졌어.

그날 밤, 방긋 선생님 집에는 늦은 밤까지 불이 켜져 있었어.

다음 날. 말간 하늘이 다시 얼굴을 내밀었어. 부지런한 다람단은 오늘도 아침 일찍 학교로 향했지. 그런데 멀리 익숙한 것이 보였어. 바위처럼 생긴 게 이리 왔다 저리 갔다 어쩔 줄 모르는 거야.

다람단이 살금살금 뒤따라갔어. 그런데, 갑자기 휙!

그 시간, 어울 학교에선 방긋 선생님이 출석을 부르고 있었어.

"오늘은 빈자리가 좀 많이 보이네."

방긋 선생님이 고개를 갸우뚱하는데 어디선가 들은 적 있는 익숙한 덜컹 소리가 나지 뭐야!

"저희 지각 아니죠?"

그런데 교실에 도착하자마자 별이 책가방이 툭 하고 터져 버렸어.

별이 책가방 속 물건들이 교실에 와르르 쏟아졌어.

 "별이야, 스케이트랑 장갑은 왜 가지고 왔어?"

"아! 저기 멀리 보이는 산속 호수가 꽝꽝 얼었다길래 혹시 몰라서."

책가방 속 물건들을 본 다람단은 눈이 커졌어. 이대로 있으면 안 될 것 같았지. 무거운 책가방이 별이의 건강까지 해칠 것 같았거든.

"별이야, 혹시 책가방 정리를……."

방긋 선생님이 주머니를 뒤적여 무언가를 꺼냈어.

방긋 선생님이 꺼낸 건 청소 의뢰서였어. 이것저것 준비하다 책가방이 걱정만큼 무거워진 별이를 위해 밤새 준비했던 거야.

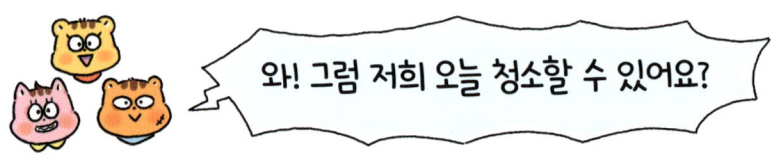

"그럼! 오늘은 다람단이 일일 선생님이 되어서 특별 수업을 해 주면 어떨까?"

다람과 콩이, 밤이가 기쁘게 고개를 끄덕였어.

✱ 오늘의 특별 수업

모두가 모여 공부하는 어울 학교 교실!
책가방 무게도 줄이고, 깨끗한 환경에서 즐겁게 공부할 수 있는 다람단의 특급 정리 비법!

걱정을 덜어 주는
학교생활 123 정리 프로젝트!

1. 책가방 정리하기
2. 학교 책상 서랍 정리하기
3. 학교 사물함 정리하기

"이번 수업은 우리가 진행할 거야!"

밤이가 상냥한 목소리 수업 때 배운 대로 목을 가다듬었어. 다람단의 청소 실력뿐 아니라 정리 정돈 실력까지 뽐낼 절호의 기회였거든.

"역시 '청소' 하면 다람단이지!"

"날 위한 수업이네!"

1단계: 책가방 정리하기

🐹 "책가방이 작다고? 걱정하지 마. 물건의 크기별로 가지런히 분류해 잘 넣기만 해도, 책가방 안에 많은 물건을 보기 좋게 넣을 수 있어."

노트나 책, 유인물은 크기순으로 가지런히 넣자. 큰 것은 뒤에, 작은 것은 앞쪽에 차곡차곡 넣는 거지.

연필, 지우개는 필통에 담자.

잃어버리기 쉬운 작은 물건은 파우치에 담거나, 책가방 안 작은 안주머니에 넣으면 찾기가 쉬워.

🐹 "책가방엔 꼭 필요한 물건만 넣고 다니도록 해. 매일 자기 전 책가방을 정리하면서 다음 날 어떤 물건이 필요할지 결정하는 습관을 들이면 더 좋고."

헉! 방긋 선생님 가방도!

나도 정리에는 좀 약해서.

2단계: 학교 책상 서랍 정리하기

"학교 책상 서랍엔 자주 보는 교과서와 노트를 넣고, 남는 공간엔 작고 긴 상자나 바구니를 넣어 정리해 봐."

3단계: 학교 사물함 정리하기

이제 마지막으로 사물함을 정리할 차례야.

"자, 어때? 책이나 노트는 잘 보이게 세로로 넣고, 빈 공간에 작은 서랍장을 놓으니 필요한 물건을 바로 찾아서 꺼내 쓸 수 있겠지? 물건을 가로로 겹쳐서 쌓아 두면 찾기도 어렵고, 물건들이 무너질 수도 있어."

"그럼 각자 책가방과 서랍, 사물함을 정리해 보자!"
반 친구들이 다람단이 알려 준 대로 정리 정돈을 시작했어. 하지만 별이 표정은 여전히 어두웠어.

별이가 붉은 머리털을 만지작거렸어. 여전히 불안한 듯 보였지. 그런데 방긋 선생님이 환하게 웃는 거야.

다람단의 특별 수업과 방긋 선생님의 다정한 말에 별이의 걱정이 눈 녹듯 녹았어.

"나도 내일부턴 꼭 필요한 것만 가지고 다닐게."

다람단이 별이와 눈을 맞추며 빙긋 웃었어.

다시 시작된 방긋 선생님의 수업에서는 떠드는 친구도, 조는 친구도 없었어. 별이는 어제 그리다 만 그림도 멋지게 완성했어.

어느새 교실은 걱정 대신 방긋 미소로 가득했어. 마침내 방긋 선생님이 원하던, 몸도 마음도 즐거운 교실이 된 거야.

별이의 학교생활은 어떻게 되었을까?

갑작스런 소나기가 와도 별이는 두렵지 않대. 우산과 장화는 없지만 이젠 친구들과 함께 뛰어갈 수 있거든.

책가방도, 마음도 가벼워진 별이의 학교생활은 앞으로도 방긋 미소로 가득할 거야.

에필로그 우리도 청소 특공대!

드디어 다가온 일요일, 다람단의 청소 사무소 앞!

다람단은 오후 세 시가 되기만을 목 빠져라 기다리고 있었어. 사고뭉치 햄스터 형제 파트와 라슈의 말대로라면, 초록 마을을 낙서와 거미줄로 더럽힌 범인이 나타날 시간이니까.

그런데 누군가 다급히 문을 두드렸어.

 프란 아저씨였어. 다람단이 다녀간 지 일주일밖에 되지 않았는데, 또다시 청소를 의뢰하다니! 여태 한 번도 이런 적은 없었어.
 청소 의뢰는 받았으니 출동은 해야겠지? 다람단은 예정보다 조금 일찍 프란 아저씨네 집으로 향했어.

"청소 거리가 많으면 어떡하지? 세 시 전에 끝낼 수 있으려나?"

"그럼, 그럼! 얼른 청소하고 범인도 잡자."

다시 찾아온 초록 지붕 집 앞에서 프란 아저씨가 멋쩍은 표정을 지었어. 한숨까지 후유 쉬면서 말이야.

다람단이 집 안으로 성큼 들어섰어. 그제야 프란 아저씨의 말을 이해할 수 있었지.

"우리 청소 도구 끝내주지?
그러니까 우리도 청소 특공대 시켜 줘!"

파트와 라슈는 잔뜩 기대하는 눈으로 다람단을 바라봤어. 청소 도구를 흔들고 팔짝팔짝 뛰면서 말이야.

"저기……
청소는 도구가
중요한 게 아니야."

 "뭐?"

파트와 라슈가 청소 도구를 힘없이 툭 떨어뜨렸어.

"우리가 청소를 잘 못해서 그런 거지?"

"이 정도 청소 도구로는 부족한 거지?"

"아니, 그렇지 않아! 청소에 필요한 건 오직!"

파트와 라슈가 침을 꼴깍 삼켰어.

"어때? 간단하지?"

풀 죽어 있던 파트와 라슈의 눈이 다시 빛났어.

"그, 그럼 우리도 청소 특공대가 될 수 있어?"

"청소를 잘 못해도?"

물론이지. 청소와 정리 정돈을 하겠다는 마음만 있으면 어른도, 어린이도 청소 특공대가 될 수 있어.

그럼 지금 당장!

청소 특공대 시켜 주는 거지?

다람이 창문을 손으로 척 가리키며 말했어.

"저 창문에 지금 청소가 필요해 보여!"

도와줘! 꼬꼬마 청소 특공대!

한편, 이 광경을 지켜보던 2인조가 있었으니…….

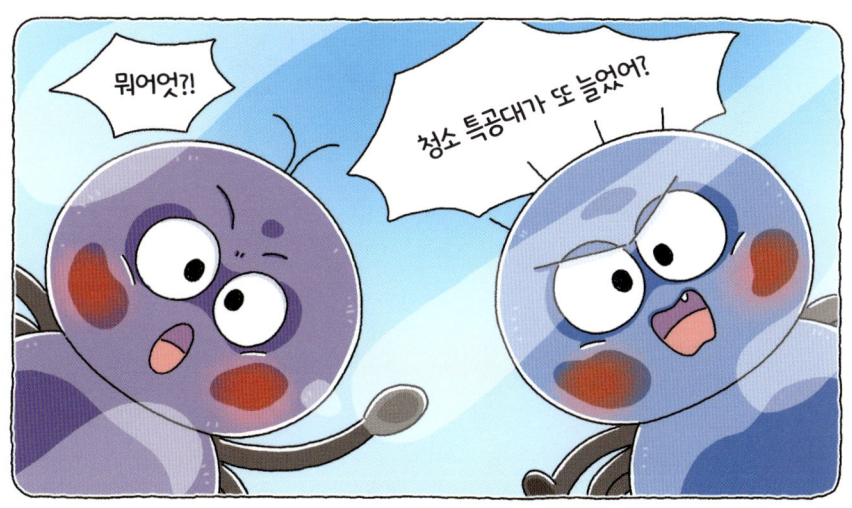

"다람쥐 셋도 힘든데, 햄스터가 둘이나? 이런 말도 안 되는…… 엇?"

올망이와 졸망이가 '햄찌단'을 좀 더 가까이 관찰하려 고개를 내미는 순간! 하필 다람단과 눈이 딱 마주치고 말았어.

평화로운 일요일 오후, 조용하던 초록 마을이 시끌벅적 깨어났어!

딸기가 넘어진 것도, 비비안의 옷에 라면 국물이 묻어 있었던 것도 혹시 올망이와 졸망이가 한 일이었을까?

청소 특공대 다람단 2
우리도 할 수 있어!

지은이 문채빈
펴낸날 2024년 2월 1일 초판 1쇄, 2025년 3월 5일 초판 2쇄
펴낸이 신광수 | **CS본부장** 강윤구 | **출판개발실장** 위귀영
아동문학파트 백한별, 강별, 정민영 | **출판디자인팀** 최진아, 김리안 | **저작권 업무** 김마이, 이아람
출판사업팀 이용복, 민현기, 우광일, 김선영, 이강원, 신지애, 허성배, 정유, 정슬기, 정재욱, 박세화, 김종민, 정영묵, 전지현
출판지원파트 이형배, 이주연, 이우성, 전효정, 장현우
펴낸곳 (주)미래엔 | **등록** 1950년 11월 1일 제16-67호 | **주소** 서울특별시 서초구 신반포로 321
전화 미래엔 고객센터 1800-8890 팩스 541-8249 | **홈페이지** www.mirae-n.com

ⓒ 문채빈 2024

ISBN 979-11-6841-766-3 74810
ISBN 979-11-6841-538-6 (세트)

책값은 뒤표지에 있습니다.
파본은 구입처에서 교환해 드리며, 관련 법령에 따라 환불해 드립니다. 다만, 제품 훼손 시 환불이 불가능합니다.

KC 마크는 이 제품이 공통안전기준에 적합하였음을 의미합니다.
사용 연령: 8세 이상

# 명예 단원을 위한 청소 쿠폰

청소 특공대 다람단의 청소 비법을 실천한 친구들은 누구나 명예 단원이 될 수 있어요.
명예 단원이 되어, 사랑하는 가족과 친구들에게 이 쿠폰을 발행해 다람단처럼 청소와 정리 정돈을 도와 보세요!

명예 다람단 _____의 쿠폰	명예 다람단 _____의 쿠폰
## 청소기 돌리기	## 분리수거하기
유효 기간 년 월 일	유효 기간 년 월 일
명예 다람단 _____의 쿠폰	명예 다람단 _____의 쿠폰
## 침대 정돈하기	## 신발 정리하기
유효 기간 년 월 일	유효 기간 년 월 일
명예 다람단 _____의 쿠폰	명예 다람단 _____의 쿠폰
## 책상 정리하기 	## 빨래 개기 
유효 기간 년 월 일	유효 기간 년 월 일